Mellifera

La Reine des abeilles

Texte de Frédéric Lheureux

Illustrations de Jean-Luc Pion

Frédéric Lheureux

www.historimes.com

Jean-Luc Pion

www.chamamuse.com

À

Corentin, Théo et Dorian

Un froid polaire s'était abattu sur le petit village de Fleury. Pendant plusieurs jours le gel provoqua une hécatombe parmi les **abeilles** et menaçait de priver la région du bon **miel** que produisait le village. Les vergers étaient aussi menacés. Il fallait rapidement trouver de nouvelles abeilles pour répandre le **pollen** au printemps et assurer la production de miel ainsi que la **fructification**.

Un villageois avait entendu parler d'une abbaye. Elle avait un immense **rucher** dans lequel elle réalisait des études sur les abeilles. L'apiculteur envoya une lettre au frère **Mendel** qui effectuait les recherches. Il lui commanda quelques colonies robustes capables de résister au froid.

Le rucher était aménagé dans une chapelle entourée de plantes aromatiques, à l'écart de l'abbaye. Le frère Mendel avait développé plusieurs variétés d'abeilles, plus ou moins douces et capables de produire plus de miel. Lorsqu'il reçut la lettre, il accepta aussitôt d'aider un collègue.

Le frère Mendel connaissait très bien les aptitudes de ses abeilles. En particulier, une reine résistante et productive dont le seul défaut était sa curiosité. La Reine **Mellifera** tentait souvent d'**essaimer** pour découvrir le monde. Le frère Mendel considéra que c'était l'occasion de lui offrir un long voyage vers de nouveaux horizons.

À la nuit tombée, lorsque les **butineuses** furent toutes rentrées dans leur maison, les moines obturèrent les ouvertures. Puis avec beaucoup de précautions, les **ruches** furent chargées dans un camion. La **transhumance** commença pour toute la nuit. Il fallait arriver avant les premiers rayons du soleil.

Miel

Pour atteindre le village de Fleury, le camion traversa une grande ville, à la circulation intense. Plusieurs fois le transporteur freina brutalement pour éviter l'accident. Il finit par prendre les rues désertes d'une ville voisine pour contourner le trafic. Les secousses répétées des ralentisseurs ouvrirent une ruche, celle de Mellifera. Attirée par un rayon de lumière, la reine repéra une sortie. Par cette étroite ouverture la colonie parvint à s'échapper du camion.

Miel

Lâchée en pleine ville, la petite colonie fut prise de panique. Mais rapidement la Reine Mellifera reprit ses esprits. L'**essaim** s'écarta de la rue, pour trouver un lieu confortable où s'installer. L'éclairage puissant d'un lampadaire attira le regard de Mellifera qui entraina son groupe vers l'arbre le plus proche.

Aux lueurs du soleil, plusieurs abeilles partirent en **éclaireuses**.

Une première abeille revint devant la Reine Mellifera.

Elle lui raconta qu'elle avait aperçu le long d'un trottoir, de magnifiques bouquets disposés sur des tables. Elle voulut **butiner** ces fleurs, pour s'assurer que leur goût égalait leur beauté. Mais quand elle se posa parmi les **étamines** pas la moindre goutte de **nectar**. La fleur n'avait aucun parfum. La tige était dure comme du métal et les pétales n'étaient que du tissu.

Une deuxième abeille remarqua une fleur bleue, très jolie. Ce qui attira son attention, c'est que la fleur bougeait, accrochée à la boutonnière d'une veste. Elle s'approcha doucement de sa cible. Mais furieusement, la fleur commença à s'agiter en tout sens. La courageuse abeille poursuivit son avancée et touchant presque au but, elle reçut une terrible claque.

Plus chanceuse, une troisième abeille fut appelée par des senteurs délicieuses. En plein cœur de cette ville, il y avait un lieu qui débordait de fleurs en tout genre. Les parfums subtils et variés dégagés par ces fleurs ne laissaient aucun doute sur leur authenticité. Toute joyeuse, l'abeille revint trouver sa reine et indiqua par une **danse de huit** caractéristique, qu'elle avait accompli sa mission.

Habituellement la reine ne quitte jamais le foyer. Mais la curiosité de Mellifera l'emporta sur son devoir. La colonie entière débarqua dans ce nouveau paradis, semant l'agitation chez le fleuriste. Pris de panique, les clients sortirent en courant du magasin et le gérant appela les pompiers pour se débarrasser des intruses.

Les pompiers n'ayant pas le droit de tuer les abeilles, qui sont une espèce protégée, on fit appel à l'**apiculteur** le plus proche. Celui-ci arriva dans sa **vareuse** pour se protéger des douloureuses piqûres. Il répandit une fumée épaisse de feuilles séchées. Alors les abeilles se réfugièrent dans les **corolles** des tulipes.

Elles furent rassemblées dans une **ruchette** en bois.
Mais qu'allaient-elles devenir ?
Tout le monde aime les abeilles, on ne pouvait pas les tuer ! Cependant il fallait faire vite avant qu'elles ne s'agitent.

Quelqu'un eut une idée. La ville était coupée en deux par une grande rivière. Au milieu du courant, il y avait une petite île laissée à l'abandon, qui n'intéressait personne. On décida en toute hâte d'aménager ce site, en y plantant de la lavande, du romarin, de la sauge et plein d'autres plantes aromatiques et d'installer au centre une ruche.

En sortant de la ruchette, les abeilles découvrirent ce magnifique **jardin** avec toutes ces plantes qu'on appelle des **simples**, mais aux vertus thérapeutiques sensationnelles. Aussitôt un vrombissement retentit sur l'îlot. La reine Mellifera survola l'île dans tous les sens et se décida à commencer sa ponte pendant que les butineuses récoltaient le nectar.

Tranquilles et parfaitement intégrées à leur nouvel habitat, les robustes travailleuses produisirent beaucoup de miel pour le plus grand bonheur des enfants de la ville. Devant l'abondance de fleurs sur cette île, la colonie **proliféra**. Bientôt la ruche s'avéra insuffisante pour loger tout le monde. Alors les habitants de la ville qui avaient beaucoup apprécié le bon miel de leurs protégées firent construire tout un rucher. Mellifera avait des héritières qui allaient lui donner un peu de liberté…

Lexique

Abeille : Insecte vivant en colonie produisant du miel et de la cire.

Apiculteur : Personne qui élève des abeilles (Berger des abeilles)

Butiner : Voler de fleurs en fleurs pour en récolter le pollen et le nectar.

Butineuse : Abeille spécialisée dans la récolte du nectar et du pollen.

Corolle : Ensemble des pétales d'une fleur.

Danse de huit : Dans le langage des abeilles, ce mouvement en forme de 8 indique aux autres abeilles la distance et l'orientation d'une source de nourriture par rapport à la ruche.

Éclaireuse : Abeille spécialisée dans la recherche de source de nourriture.

Essaim : Groupe d'abeilles constitué d'une reine, de plusieurs milliers d'ouvrières et de quelques mâles (faux bourdon) abandonnant une ruche surpeuplée.

Essaimer : Quitter la ruche pour former une nouvelle colonie.

Étamine : Organe mâle des fleurs qui renferme le pollen.

Fructification : Transformation de la fleur en fruit.

Jardin : Espace clos où l'on cultive des végétaux.

Mellifera : Le nom de notre reine vient de l'appellation scientifique donnée à l'abeille européenne par le naturaliste Linné, *Apis mellifera.*

Mendel : Gregor Mendel est un moine botaniste autrichien qui a découvert la génétique grâce à ses recherches sur les petits pois puis sur les abeilles.

Miel : Substance sucrée transformée par les abeilles à partir du nectar.

Nectar : Liquide sucré produit par les fleurs.

Pollen : Poudre microscopique produite par les étamines pour féconder les fleurs.

Proliférer : Se reproduire en grand nombre et rapidement.

Ruche : Habitation constituée de plusieurs cadres où vivent les abeilles.

Rucher : Endroit où se trouvent plusieurs ruches.

Ruchette : Petite ruche pour ramasser un essaim.

Simples : Plantes médicinales utilisées pour soigner les maladies et réunies au Moyen-âge dans des jardins. (thym, sauge, mélisse, romarin, lavande,…)

Transhumance : Déplacement des ruches d'un lieu à un autre pour suivre les fleurs à butiner.

Vareuse : vêtement porté par les apiculteurs pour se protéger des piqûres des abeilles.